Collection Poésie

L'Hexagone bénéficie du soutien de la Société de développement des entreprises culturelles du Québec (SODEC) pour son programme d'édition.

Nous reconnaissons l'aide financière du gouvernement du Canada par l'entremise du Programme d'aide au développement de l'industrie de l'édition (PADIÉ) pour nos activités d'édition.

Nous remercions le Conseil des Arts du Canada de l'aide accordée à notre programme de publication.

ESPÈCES FRAGILES

Du même auteur

Le Vierge incendié, Montréal, Mithra-Mythe, 1948 ; Montréal, Typo, 1998.

Choix de poèmes/Arbres, Montréal, l'Hexagone, 1960.

Pour les âmes, Montréal, l'Hexagone, 1965 ; Montréal, Typo, 1993.

Le Réel absolu, Montréal, l'Hexagone, 1971 (comprend : *Le Vierge incendié, Nuit du 15 au 26 novembre 1948, Choix de poèmes/Arbres, Pour les âmes*).

Tableaux de l'amoureuse suivi de *Une, unique, Art égyptien, Voyage et autres poèmes,* Montréal, l'Hexagone, 1974.

Bouche rouge, Montréal, l'Obsidienne, 1976.

Tombeau de René Crevel, Montréal, l'Obsidienne, 1979.

écRiturEs, Montréal, l'Obsidienne, 1980.

Le Sacre, Montréal, l'Hexagone, 1998.

En traduction

Six Poems. A Monograph Collection, trad. par Jean Beaupré et Gael Turnbull, Toronto, Contact Press, 1955.

The Terror of the Snows, trad. par D. G. Jones, Pittsburgh, The University of Pittsburgh Press, 1976. Révisé et augmenté sous le titre *The 5th Season,* Toronto, Exile, 1985.

Il Reale assoluto e altre « scritture », trad. par Anna Paola Mossetto, Rome, Bulzoni, 1983.

PAUL-MARIE LAPOINTE

Espèces fragiles

⬡ l'HEXAGONE

Éditions de l'HEXAGONE
Une division du groupe Ville-Marie Littérature
1010, rue de La Gauchetière Est
Montréal, Québec H2L 2N5
Tél. : (514) 523-1182
Téléc. : (514) 282-7530
Courriel : vml@sogides.com

En couverture : pastel de Gisèle Verreault

DISTRIBUTEURS EXCLUSIFS :

• Pour le Québec, le Canada et les États-Unis :
LES MESSAGERIES ADP*
955, rue Amherst, Montréal, Québec H2L 3K4
Tél. : (514) 523-1182
Téléc. : (514) 939-0406
* Filiale de Sogides ltée

• Pour la France :
Librairie du Québec – D.E.Q.
30, rue Gay-Lussac, 75005 Paris
Tél. : 01 43 54 49 02
Téléc. : 01 43 54 39 15
Courriel : liquebec@cybercable.fr

• Pour la Suisse :
TRANSAT S.A.
4 Ter, route des Jeunes
C.P. 1210, 1211 Genève 26
Tél. : (41-22) 342-77-40
Téléc. : (41-22) 343-46-46

Pour en savoir davantage sur nos publications,
visitez notre site : **www.edhexagone.com**
Autres sites à visiter : www.edtypo.com • www.edvlb.com
www.edhomme.com • www.edjour.com • www.edutilis.com

Dépôt légal : 1er trimestre 2002
Bibliothèque nationale du Québec
Bibliothèque nationale du Canada

PS
8573
.A658
E76
2002

ALPHA/OMÉGA

L'Acier, dans la béatitude des collines,
dévorait les espèces fragiles.
Glas et hurlements pour l'indienne Terre
sous le joug !

Katchinas !

Que le linceul des mères de la Nuit
se consume en l'ossuaire des peuples
quand par la rage et le sang triomphe
l'utilitaire Voracité.

Western Civilization.
Mister X y règne, zoopathe.

Terres brûlées

ÎLE SÈCHE

Une île sèche émerge de la mer en fusion
volcan muet qui occupe dans la lumière
un espace de pierre et de silence
miroitement de feu
métal solaire

le mirage en désert s'agite
oasis de sel où chassent les requins
parmi les palmes d'éternité
vertes et lentes
et les paumes des morts
dont la chaleur sacrée façonne d'argile
ses petits hommes
ses dieux torrides

CHIENS

les chiens et les dieux
errent ici
depuis des siècles
survivant à peine parmi les survivants
parmi les âmes affamées
les tribus oubliées

chiens du royaume des morts
enfouis au long des âges
avec leurs hommes et leurs dieux
compagnons anéantis
par les armées les techniques

(triomphe des robots éphémères
entre la montagne et la mer
là où la terre désertée
la terre virtuelle
s'épuise en phantasmes
mirages d'or

les marchandises se dévorent entre elles
et les discours pourrissent
à la sortie des gueules

masturbation sèche au paradis des riches
agonie sans âme ni corps
agonie sans cri à la fin de la nuit

nuit plus noire que noir
où l'on ne voit sa main
ni son chemin

nuit silencieuse
où nulle voix
ne s'entend
ni même le battement
d'un cœur

nuit misérable
nuit de basalte
où rien ne bouge plus
sinon soudain
l'œil inquiet
de l'âme

nuit de l'animal traqué
du souffle retenu
jusqu'à l'extinction

nuit du cri noir
et glacé
jamais proféré

nuit du chiffre
anonyme et vide
aux victimes sans nom

nuit cathodique
nuit de l'Efficace
et de l'Avare

nuit sous contrôle
nuit armée   nuit
savante et perverse

nuit des petits maîtres
sans face ni langue
nuit de l'absence
et de la solitude
nuit de l'esclave
sans feu ni lieu

nuit régnante sur Terre
planète d'ignorance
et de sang versé
planète perdue)

Terre
d'où te viendront
science et lumière ?
Terre
qui te rendra
solaire et libre
ton enfance ?

or
voici la lueur de l'aube
qui remonte de la mort
avec ses dieux ses chiens
et les âmes des petits hommes
sauvages lumineux
qui ont créé le monde
un jour
autrefois
aujourd'hui

FIGURINES

minuscules sauvages
simples membres de la tribu
divinités de tous âges
et sexes

assis
ou renversés sur le dos
ils font face au soleil
tous

immobiles
fragiles objets de terre
craquelés   morcelés parfois
bras ou jambes arrachés
de simples traits
aux mains aux pieds
indiquant les doigts

petites boules de glaise
nombril   boucles   colliers
pastilles greffées aux corps
aux crânes
figurant aussi bien l'œil et le nez
les oreilles   la bouche

personnages avant tout
avec auréoles et plumages
ou dénudés   dépouillés
humbles habitants du monde
et dieux divers
créés de main fruste
âme savante

êtres aimés entre tous
compagnons et mémoire
pour la vie et la mort

HOMME DE PEINE

est-il aveugle est-il muet
cet homme de peine
dont les yeux grand ouverts
sont figés
et la bouche silencieuse
béante encore d'avoir osé peut-être
le blasphème : cri ou plainte
simple parole égarée devant le maître ?

inquiétude nouvelle de mutilé ?
(il est privé de son bras droit
sans doute pour avoir été
brutalement retiré de la terre
simple et frêle figurine d'argile
enfouie jadis près du maître mort
parmi les hommes et les dieux
parents   serviteurs   esclaves
objets nécessaires aux défunts
pour traverser le vide
perpétuer la vie)

on vient à peine de l'exhumer
il est couvert de poussière
comme s'il avait au tombeau
poursuivi sa tâche d'habitude
trimé dur jusque dans la mort

que veut-il savoir
petit homme d'argile seul et nu
jeté là dans le paysage vide
absolument vide d'outils
de récolte   de vie
vide de tout compagnon

comment ne pas s'étonner d'être là ?
de nouveau sous le soleil ?
à quelle tâche voué ?
invisible et seul parmi les invisibles ?
devant quel maître implacable
encore innommé ?

seul et nu
dans l'abîme du cri retenu

TRIPODE

Ce vase a 3 000 ans

fragile
et de terre mince
il est menu
– neuf centimètres
de hauteur et diamètre –
mais solidement
sur trois pattes
repose au sol

pattes allongées
soudées au petit corps
au ventre qui se bombe
ventre noir
bien que maculé de glaise séchée
ventre où fut gravé d'une pierre aiguë
le Dragon

sa carapace est faite de seize écailles
chacune constituée du chiffre 3
succession de vaguelettes
entre la queue du reptile et la tête
qui se rejoignent autour du ventre
– tête à mâchoire vorace
tête de profil avec au centre
un œil creux –

le ventre sur le ciel s'ouvre
s'évase
margelle que nulle eau jamais
ne mouilla
(bien que des craquelures
à l'intérieur puissent figurer
une plaine argileuse
un désert après le retrait du déluge)

puisque sous la terre
il ne pouvait s'agir que de puiser
pour le défunt
à même l'Éternité liquide
l'illusion de la soif
le regret du monde où
mortel parmi les mortels
je suis – aujourd'hui –
penché sur ce vase
qu'une main savante
anonyme
autrefois modela

petite âme olmèque
en forme de tripode

ENFANTS

petit peuple d'enfants nus
assis   jambes ouvertes
dans le cercle de jeux
glaçures lisses
enfants clairs   enfants sombres
de terre maculés

l'un grimace et se moque
pouce gauche entre les dents
main droite à la hanche

le captif qu'il surveille
bras liés derrière le dos
visage ravagé
pleure-t-il ?

les mains de la fillette
dont on a tressé les cheveux
d'une oreille à l'autre
se referment sur le pubis

un garçonnet bras levés
si courts qu'ils n'atteignent pas
le sommet du crâne   bouche close
fait l'immobile

un cinquième éclate de rire
se tient les côtes à deux mains

au centre du cercle qu'occupent à demi
les joueurs assis
mi-humains   mi-jaguars
deux autres enfants de l'espèce
gisent au sol   renversés

l'un repose sur le ventre
le dos ouvert aux eaux célestes

acrobate   l'autre se charge au thorax
d'un bol vide grossièrement moulé
seul élément du groupe qui ne soit
homme ni bête

ici où tout est glaise
et de la glaise exhumé

JAGUAR

sommeil du petit jaguar
dans l'enfant qui s'est endormi là
à même le sol
affalé   jambes écartées

sa main droite
entre le pouce et les quatre doigts
mollement au pied droit se tient
tandis que la gauche
l'avant-bras   le coude
accueillent la tête
très ronde aux yeux clos

la jambe gauche forme
l'autre versant du vase
minuscule
dont l'argile à peine cuite
fragile   craquelée
réapparaît
après trente siècles
à la surface de la terre

à la margelle du puits
sur l'eau noire du temps
vasque desséchée
se penche le dieu Soleil

CANETON

si petit
par la grâce d'une main
qui le fit caneton
et vase d'argile
pour la soif

ainsi est-il
au sol
immobile

et si peu d'ailes
qu'il aura suffi
d'un mince cordon
les marquer aux flancs
et le croupion
courtaud
de quatre plumes
l'alourdir

rien ne vole encore
ne bouge

deux yeux mi-fermés
somnolent au crâne évasé
où le bec plat
à peine fendu
se perce de trous
narines qui respirent

la tête s'ouvre
au sommet
sur le ciel
le cratère de tout le corps
la vasque intérieure

y nager déjà
peut-être ?

si petit

Un bouquet de bambous s'élance, tout près ; mille feuilles en lames s'agitent et font du vent qui les traverse un bruit de papier froissé

à droite, un guanabano amputé de ses branches, dont j'avais vu la saison précédente les fruits armés de dents vertes ; il en reste un tronc pataud à trois fourches, poilu de feuilles molles effilées remuant à peine sur leurs tiges courtes

j'ignore le nom de celui qui affiche, en guise de fruits ou de fleurs, trois petits hérissons à pointes rousses pendus par la queue, la tête en bas parmi les feuilles lobées

cet autre, anonyme, ne porte aux branches que huit fleurs jaunes, esseulées, dispersées, et quelques pompons secs et bruns, fruits séchés sans doute

généreux et faste en son feuillage vert sombre un flamboyant (serait-il l'arbre de ce nom ? ou le jacaranda ?) dégorge immensément ses rouges, écarlates, carmins, dans la lumière bleue de midi et la mer

sous lui comme dans son ombre mais avec une insistance pourpre et rose se tient en boule immobile un bougainvillier

des cocotiers tanguent dans la brise, remuent len-
tement leurs palmes autour de cocos verts gonflés
d'eau   de chairs fraîches

éventail à l'égyptienne, un palmier royal se déploie,
balancement aux mains d'esclave brune au-dessus
de la couche impériale

des féviers exposent au soleil de février leurs gousses
sèches

une colline entière d'arbustes divers jouant la na-
ture vierge s'élève au bout du petit golf parsemé
de palmiers chics où se meuvent de trou en trou
des pépères blancs bronzés et des caddies autoch-
tones   portant sacs et balles

en fond de scène (foisonnement de béton et muraille
sur la baie la mer) les grands hôtels de la Costera ;
viennent s'y briser les quartiers pauvres, vaguelettes
de servitude, petites survies

forêt sauvage au-delà
monts et déserts

FRUITS

à Michel van Schendel

divers fruits innommés
de tailles variées
à la chair
aux parfums uniques chacun
occupent l'espace
  les surfaces carrées
  (des volumes peut-être)
  de l'espace blanc

déterminent entre eux
des plages de soif
des gourmandises
   irrésistibles
   déchirantes mais

qui ne sauraient être satisfaites que
par leur disparition

or nul
  vorace ou gourmand
n'aurait intérêt
à rendre au vide
   ces magmas d'appétits
    de désirs
    inassouvis

aussi doit-on se contenter
(s'en gaver extrêmement)
de l'insatisfaction procurée de la sorte

bel agencement très capricieux
dont la jouissance ne tient qu'
à la contemplation
au désir
à la passion de ne pas détruire
l'univers
        ses fruits
        lanternes   étoiles
        corps suspendus
        dans le néant géomètre

Des fourmis.

Quelques centaines de fourmis, minuscules, explorent le territoire de marbre de la terrasse ; un mètre carré environ. Que chacune parcourt en tous sens, avançant à vive allure, stoppant, reculant, virant à gauche à droite, heurtant une comparse, hésitant à peine et reprenant sa course dans toutes les directions, chassé-croisé désordonné, absolument erratique.

Mais je les soupçonne, ces agitées, d'avoir ainsi, après quelques minutes, fait l'inventaire minutieux des possibilités de bouffe du territoire assigné, territoire immense pour de si lilliputiennes fourmis.

Inlassables, systématiques, infimes machines programmées, poursuivant leur tâche (repérage, chargement, bagarres, récupération et transport de miettes, de cadavres), elles couvriront ainsi la terrasse entière ; puis chacune des pièces de la maison, toutes les villes et campagnes, pays et continents, la planète et l'infini cosmos, si telle devait être leur fonction.

Milliers et millions et milliards de fourmis, dans les siècles des siècles…

Et toujours la même agitation appliquée, sans questionnement apparent, en toute soumission. Interminablement. Chez ces fourmis-là, il n'y a pas de gènes pour la révolte, la révolution, la transformation du monde. On fonctionne vite, en silence, avec application, jusqu'à la mort sous un talon quelconque. Jusqu'au balayage, à la dispersion, l'incendie. Cataclysmes tous, ayant une origine extérieure. Ce contre quoi rien n'est possible. Ni plainte ni protestation. D'ailleurs, que dirait-on aux maîtres des catastrophes. Où trouverait-on le temps de plaider sa cause, si cause il y avait. Avec cette tâche qui ne laisse aucun répit. Et que dire ? Parler coupe le souffle. Et de souffle, on en a bien besoin quand il y a tant à faire.

Mieux vaut donc se taire. Et que ça bouge ! Et que ça saute ! Au travail, fourmi, petite fourmi, infime fourmi ! Tout reste à faire ! Interminablement. Silencieusement. Jusqu'à la fin des temps.

Tortola ce matin. Minuscule, cette espèce de tour-
terelle, avec son insistante, répétitive lamentation,
qui s'accompagne parfois d'un léger haussement
de la queue, comme pour marquer le rythme ; elle
se bercerait ainsi.

On ne sait trop qui elle appelle, qui elle attend,
sur ce mur, où elle bouge de droite à gauche la
tête, délicate, fragile la tête.

Hier, une de ses semblables est venue la rejoindre.
(Ou était-ce celle-ci même en retrouvant une
autre ?) À deux, elles se sont emmêlées, battant
des plumes, s'ébrouant, en quelque sorte dansant.
Cela a fort peu duré. Accouplement accompli ?
Exercices du matin ?

Tiens ! la voilà immobile. Et silencieuse tout à
coup. On n'entend plus que le pépiement, les rou-
lades, les cris parsemés des autres volatiles tout
autour, invisibles.

Un papillon orange et brun passe, vol en saccades, désordonné. Une guêpe surgit, s'efface. Puis, quelqu'un tousse légèrement quelque part, incongru dans le ramage ambiant qui emplit le ciel, les arbres. La tortola s'effare, s'envole.

Cela malgré tout, son manège, son attente, aura duré plusieurs minutes. Il aura suffi de ce prétexte, une toux anodine, pour y mettre un terme. Demain, peut-être…

PLAYA DEL SUR

balcon qui bée
sur baie
soleil braqué

aux plages de tisons
plantes brûlées
pieds pâlots
sautillent
de la mer au gril
où tournent et tournent
les corps

de peau blanche
en peau rouge
y brunit-on ses gènes ?
y brûle-t-on ses haines ?

piments forts
belle aventure
où perdre le nord

glaces et glaçons
glissent
en bouches sèches
tripes convulsées

les touristes
de frais remords
crèmes et pommades
s'enduisent
quand se retire
aux cartes postales
le dieu solaire

mais déjà tombe
matin polaire
l'heure du retour

Ici

Ici se résolvent tous les voyages
voyages pour fuir
voyages aux pays perdus
aux terres inconnues

ici ou là
à dix mille lieues d'ici
où rien ne se passe
qui ne soit
répétition des jours
et travaux ordinaires
survie des uns
rapacité des autres

ici où sont ancrés
les navires de croisière
longs courriers du vide
vers les rêves impossibles

aspirations à la neige
d'un désert torride
hantise du soleil de feu
dans les cœurs glacés

ici ou là
tournent en rond
avec leur Terre
les petits hommes effarés

à 8 heures, ce matin,
secousse sismique

un seul coup de massue
comme pour enfoncer la ville
dans la terre

ville fragile
immobile
comme on retient son souffle

ville surprise
ville prise en flagrant délit
de stupeur

ville qui pense un moment à la mort
puis se redresse
sous le soleil

au-delà des falaises de l'aube qui
de part et d'autre de l'immense baie
l'embrassent
nul horizon

l'océan se fond dans le ciel
et le ciel dans l'océan
qui ne sont plus alors que
brume   brouillard
vapeur   illusions

de sorte que les vaisseaux fantômes
leurs équipages
s'y perdent tout à coup
corps et biens

nous abandonnant
à la terre
aux soucis du jour

Stèles

pour PEREC
et le PERE C
leste

rocher
PERCE

CREPE
noir

stèle
telle

BAUDELAIRE

terrasse sur l'
abîme Terre
                  d'où
Baudelaire
anéanti
regarde un ultime
Nuage
                  en l'
agonie du
ciel
obscène
s'effacer

BLAKE

tigre tigre d'
acier mortel
           dont
Blake en la nuit s'
alarma
         et qu'en son
repaire Dieu le
Néant l'ait
          avec l'
agneau sa proie
créé d'
ossements déjà et de
sang

COLTRANE

torrent torride l'
arcane d'acier fuse
bataille et bouscule
                      blessure de l'
âme alarmée qui
rage refuse et rêve
nirvana nébuleuse noire qu'
appelle à l'adoration
Coltrane
            ouragan
oraison
souffle suprême

pierres
horizontales
superposées

posées l'une
lisse à face grise
sur l'autre
de marbre blanc

galets à peine
d'un couple
que la mer
à gésir
sur terre
jeta

par l'artifice
et le hasard
les saillies de l'un
aux creux de l'autre
soudées

pierres
vues du ciel
que révèle et cèle
une fissure

entre lesquelles
passe le vent

NERVAL

tombez ténèbres
                    sur l'
agonie de Nerval

bercez-le de pur
amour enfin
                    et que son
rêve soit rendu à la
Nuit où se consume
Aurélia
          dans le
cri d'
Orphée
          solitude
soleil noir

NOVALIS

tous ses
astres
brandis
ardents de
rêve et de nuit
Novalis chante l'
âme
clairon d'
obscurité
sainte

RIMBAUD

terrible
          tel l'
archange de
braise
          l'enfant
Arthur
Rimbaud
nu en son
âme
          s'envole du
cadavre Europe

outrage
sublime

Palais-Royal en mai

PALAIS-ROYAL EN MAI

à Georges-André Vachon

silence dans la pierre
poussière et jardin
ici règne un passé faste

silence entre les murs
dans la cour sans cour
où momentanément se pose
le calme ciel de mai

un siècle retombe dans l'autre
loin des agitations verbeuses
et consommations sublimes
dorures falbalas cuisses hautes

silence pause rectangulaire
dans la fureur marchande
silence où l'on repose
repu de bruits et discours
loin des musiques mitraillées

silence où quatre allées
sont disposées
d'arbres ombrées
de tilleuls
quatre cent soixante arbres
sur huit rangées
au cordeau tirées
longuement s'allongent
formant allées en allées

feuillages de tilleuls
feuillages taillés
dociles domestiqués
bougeant à peine
au souffle de mai
ce matin

quatre allées
voûtes vertes
sont ainsi faites d'ombre
ou de soleil
selon le mouvement d'une feuille
et d'autres
constamment
quatre allées
d'arbres encloses

au pied de chaque tronc
coiffé de verts divers
près du sol émerge
une feuille
une tige parfois de tendre vert
chacune ayant foré
minuscule sous l'écorce
le bois printanier
poussant vers le ciel
une sève impatiente

au pied de chaque tronc
dans la poussière moulées
cent pattes en étoiles
de pigeons envolés

papiers souillés mégots
quelques brindilles

des bancs épars sous les arbres
où rêvent lisent
s'abandonnent
des hommes des femmes
de tous âges

vieillards sortis un moment du noir
de l'oubli l'anonyme vie
savourant les premiers ébats des corps
les derniers éclats du parc
avant la fin de tout
des palais royaux
de l'Histoire

vieilles dames solitaires
abandonnées de tous
jeunes gens oisifs
dans la ville inutile
jeunes filles du printemps
paradant douces proies
dévorées de regards de soifs
enfants poussés dans des carrosses
par des mères trop jeunes
trop fraîches toujours
prisonnières déjà d'écoliers absents
qui s'échappent là-bas
derrière les ballons
vers les nuages infestés
les miasmes de l'être
bureaux commerces ateliers
prisons où se tue le temps

cour du Palais-Royal
crissement des pas
dans la poussière sablée des allées
la rumeur diffuse de la ville
tout autour s'étouffant
promenade sans bruit
glissement momentané des passants
soulevant quelque peu cette poussière
qui retombe aussitôt
dans l'ordre des choses

au centre de tout cela
qui n'est agité d'aucune guerre
apparente
loin des massacres et de la faim
loin de la vie courante
une vasque
généreuse et fraîche
où des fontaines
richesse de cristal orgueilleusement
déploient leurs eaux
eaux d'artifice
plus que parfaites se pavanant
perruques et poudres
jetées là pour la mort des rois
jetées là
dans le silence hurlé de mai

Dans la solitude des lacs

PLUIES

lac
gouttes de pluie
cercles précis
avalés l'un par l'autre
jusqu'à ne plus être

ni gouttes
ni cercles
ni lac

pluies

NUAGE

cheveux blancs
un nuage là-haut
au-dessus de la terre à peine
une tête
se dissout dans le vent bleu

mille siècles passent tout à coup
un regard un moment
et la voilà perdue
à tout jamais perdue

NUAGES

à Gilles Hénault

Rien ici ni personne
ne prétend gouverner la fin du jour
n'empêchera de tourner la Terre

gigantesques
les cumulus
figurent des Himalayas
les cimes enneigées
(neiges dites éternelles
lumineuses et roses
de soleil couchant
portées par les bleus
les mauves
au-dessus de l'horizon bombé
des collines
dont les gris et les verts
plus ou moins sombres
selon la distance
reposent dans l'acier glacé du lac)

les bleus les mauves défilent au sud
flancs inférieurs des hauts sommets
qui passent
fugaces
poussés vers l'est
simples nuages pourtant
ces rocs immémoriaux
disparaissant
les uns après les autres
dans les hauts feuillages des hêtres
tout près

bientôt
le reste du convoi s'évanouit
se volatilise dans l'opaque
au moment où tombe le Soleil
derrière la petite montagne de l'ouest
là où bramnent les cerfs et planent
les oiseaux de proie

OISEAU

serait-ce
par la fenêtre de l'aube
le pic mineur ?
dont le bec insiste
et fait du trop vieil arbre
battre le cœur

ou l'oiseau goutte d'eau
comptant le temps
doux supplice
auquel nul ne résiste

THUYA

à Gaston Miron

Écroulement
sous le poids du ciel et des siècles
de l'immense thuya séché

entre l'arbre et l'écorce
fossilisé
le cheminement des vers
l'obstination de la faim

gravures sinueuses
des quotidiens anciens
traces des vies minuscules
dans l'aubier fugace

patientes
inextricables écritures
labyrinthes tourmentés de la dévoration

ce cauchemar
l'ordre placide des choses
ne saurait prendre fin
sinon peut-être dans la chute d'un arbre
ou dans l'abolition du temps

mais déjà les pousses frêles
et voraces
les rejetons et les mousses
surgissent des fissures du granit
entament la merveilleuse
la terrible tâche d'assurer l'avenir
l'éternelle destruction du monde

FOSSILE

fossile envolé
de la pierre
ptérodactyle
dans le ciel retrouvé

débris de vapeur
nuage vivement
s'effaçant

ÉVENTAIL

incongrue
sous la pluie
une grue
se déplie

éventail
dont s'émaille
aussitôt
au ciel d'eau
une faille

TUMULTE

était-ce la pluie
était-ce le vent ?
ce tumulte
parvenant sous la terre
à l'oreille enfouie

ou
dans le silence
de la dernière glaciation
était-ce la neige ?
recouvrant
interminablement
les mots
les mondes

LILAS

dans les lilas
lentes grappes chaudes
odorantes de lumière
au printemps suspendues
parmi les feuilles

les samouraïs
couples soudés
carapaces
se pâmaient d'amour

innombrables insectes
se chevauchant les uns
les autres   cherchant
sous l'armure
la tendre chair mortelle

SAISONS

paysage immobile
immense tenu
en son bloc de cristal
et
de silence
figé

posé là
dans l'aube d'été

il suffirait
de le renverser
entre les paumes
pour qu'une neige
abondante
implacablement soudain
ramène l'hiver

FAIRE SON NID

la patience
n'a qu'un temps
mille fois mille ans

une goutte
aux printemps
tombant de l'érable
fera
    de la pierre
    ainsi creusée
s'envoler l'hirondelle

MARTIN-PÊCHEUR

haut perché
martin-pêcheur
dont plonge l'œil
à bec acéré

que ramène-t-il
du lac immobile
où se jeter
ventre ailé ?

une ombre ?
une proie ?

PASSAGES

minuscules
très haut dans le silence
entre les continents
des avions glissent

(bondés sans doute
d'individus de l'espèce
allant ici ou là :
maîtres-serviteurs
banquiers politiques
comptables marchands
agents de tous ordres
et pouvoirs
prédateurs divers
aventuriers guerriers
trafiquants et,
pour le compte, des quidams :
touristes
immigrants réfugiés
vacanciers
familles ou groupes
retraités pèlerins
citoyens anonymes)

navettes ordinaires
des avions glissent
fuseaux de voyage inutile
laissant filer un fil
une fumée
minces traces

venteux l'Espace
l'immense Azur
bientôt les dévore

passages dérisoires
au-dessus des lacs
et du précambrien

LIBELLULE

Libellule
dont j'ai lu
le tracé
cabossé
dans le ciel

qui est-elle ?

tige avide
dans le vide
toutes ailes
et dentelles

où est-elle ?

un schéma
d'hirondelle
chasse, ma
demoiselle !

telle est-elle.

Art déco
musique aux
crépuscules.

Ô lac ! ô
libellule !

CRAPAUD

minime
dans le gris moussu
un crapaud
se fait mousse

invisible ainsi
si ce n'est
dans l'immobilité feinte
du bronze
l'infime merveille
contemplée

mais l'œil attentif
amoureux s'émeut
qu'on le trahisse

imperceptible giration
à travers les heures
de l'objet sacré
et son arrêt sur chacun
des points cardinaux

adoration figée
muette un moment
sans que s'interrompe
la palpitation
effarée peut-être
du très petit cœur

LUCIOLES

dans la nuit
en guise de Perséides
capricieusement mais
ne s'effaçant
avant que d'apparaître

permettant ainsi
que soient formulés
les vœux
des plus fous
aux plus lents

n'exigeant point
de tout le ciel
(un jardin suffit ici-bas)
qu'il soit la scène où surgir
et disparaître
flèche avalée par le vide
à peine aperçue
imaginée
fantasme
dernier souffle

dans la nuit
en guise de petits feux
capricieusement allumés
fugaces
mais si prestement
par l'œil captés
un moment
le temps de rêver
aussitôt suivis
de mille autres
virevoltant
papillonnant
folâtrant
s'entrecroisant

lucioles
petites lanternes discrètes
chacune s'illumine
éclaire merveille
un rendez-vous amoureux
puis s'efface
dans la nuit de juin

TORTUE

lente très lente
plus que lente
trop lente
si lente tortue

sans doute
n'atteindras-tu
jamais
la fin des temps

tortue
le sais-tu ?

tortue
plus lente
que le temps
qui passe
et n'attend pas

tortue
se perpétue
qui n'en finit plus
d'être ici
plutôt que là

Temps !
temps passé
temps perdu
où vas-tu ?
le sais-tu ?

P.-S.

LA MISE AU MONDE

à Roland Giguère

La horde
les mots se pressent à la naissance
à la mise au monde du poème
qui ne sait pas s'il deviendra poème
ou silence
qui ne sait pas encore quels mots donnés
le feront poème

mots de toujours mots inattendus
d'où surgirait quel Monde ?
quelle parcelle d'Univers ?
mots qui s'échappent parfois
du troupeau
l'un et quels autres ensuite ?
sans ordre ni raison

pour le seul plaisir d'arracher à Babel
le magma du cri
pour que surgisse et s'élève
évadé
éclaté du mot premier
le poème

parole à jamais
en sa fulgurante unicité

L'ÉCRIT

À travers toi s'illustre l'aile,
papier transparent, quadrillé,
quand d'un vol au départ vrillé
s'élance le stylo, pour Elle

et plonge en l'écume de celle
qui, chaude de sable grillé,
frissonne en le mol oreiller
de feinte ou folle extase, telle

l'ange dénudée des midis.
Ainsi, le désir sera dit,
rude, par la ferveur du geste.

Mais la plus lasse, la plus leste,
trouble de mille petits cris
la géométrie de l'Écrit.

ÉCRIRÊVER

j'erre
écris
rêve
et crie

écrirêver
si passager
que nul jamais
n'y eut songé

au cri du geai
dérive dérêve
verrai-je
où je rêvai ?

aux ailes
d'Ève ?
aux rêves
d'Elle ?

OÙ

mais où sont les princesses
mes déesses
gonzesses bonzesses
mes rousses demoiselles
où sont-elles ?

filles qui me déchirent
d'un sourire
ô dentelles

jouvencelles
toutes griffes et ailes
fières proies
pour les rois

fillettes tourterelles
douces proies
des effrois

mortelles immortelles
en tous âges perdues

dans le sang répandu
des empires
dans la soif éperdue
du vampire

dans la chaleur des lits
où se lient
les âmes chavirées

dans le vide où j'irai
corps avide
dévorer l'Infinie

LE VENT LA VIE

qui larmoie dans le vent
ne savoure
ne voit
perd ses plumes
sa voix

passe le vent
passe la vie

ÉCLIPSE DE LUNE

Cette merveille
venue de l'espace l'au-delà
– très simple mystère
domestiqué par l'homme –
me réduit-elle au connu
aux dieux qu'il inventa?

ainsi la lune cette nuit
orange haut perchée dans l'arbre
s'offre naïve à l'enfance

mais l'ombre de la terre
savamment piétine
dans la poussière céleste

de quelles lumières illuminer les mondes
et la raison même
ce regard infime sur l'être ?

qui s'interdit l'infini
pourrira dans sa mort

PATER NOSTER

un réverbère
chez les Berbères :
de quoi j'ai l'air
en plein désert ?

et qui j'éclaire ?
Saint-Exupère
ou Dieu le Père ?
ça n'est pas clair !

mystère-Terre
sombre désert
où je me perds

poète austère
ah ! lampadaire
ah ! dromadaire

PLUME

ô madame Plume
écris-tu toujours
écris-tu z'encore
ton œuvre posthume ?

ô madame Plume
de nuit et de jour
sans perdre de temps
jusques à la mort ?

Non je me déplume
rataplan plan plume
Non je me détends
rataplan plan plan

Non je vis d'amour
de nuit et de jour
Non je ris je dors
et la Terre adore

Ainsi va le temps
rataplan plan plan

Ainsi va la plume
rataplan plan plume

Table

PALAIS-ROYAL EN MAI

DANS LA SOLITUDE DES LACS

P.-S.

Cet ouvrage
composé en New Baskerville corps 12 sur 14
a été achevé d'imprimer
le sept mars deux mille deux
sur les presses de Transcontinental
Division Imprimerie Gagné
à Louiseville
pour le compte des
Éditions de l'Hexagone.

Imprimé au Québec (Canada)